Endlich ein freier Tag! Marco und Stefano sind früh aufgestanden an jenem Donnerstag des fernen Jahres 1269. Sie haben die Erlaubnis zum Jagen in der Lagune erhalten! Mit dem Boot von Stefanos Vater, das sich freilich nicht sehr gut dafür eignet; aber für einmal geht es trotzdem gut. Beide können schon seit längerem stehend rudern, In Venedig entspricht das Rudern sozusagen dem Gehen, da die Straßen der Stadt großteils Wasserwege sind. Und viel Wasser gibt es auch rund um Venedig, wo sich die Lagune in jenen ständigen Wechsel von Schilf, Sandbänken und tiefen Kanälen erstreckt. Überall in der Lagune gibt es kleine bewohnte Inseln und aus Schilfrohr gezimmerte Hütten von Fischern. Die Gegend ist sehr reich an Tieren: Wildschweine, Wölfe, Hasen, Wildenten, Fische, Muscheln, und für die Bewohner ist der Fischfang und die Jagd eine willkommene Hilfe, um stets etwas zum Essen zu haben. Heute will Marco dem Stefano den Gebrauch des Bogens für die Wildentenjagd beibringen.

Am späten Vormittag besteht ihre Jagdbeute aus zwei Wildenten, die gleich in der Küche gerupft werden. Nach dem Essen setzen sich die Jungen auf einen Steg nahe ihrem schönen Haus. Wenn man sie so sieht, würde man sie für Brüder halten, aber sie sind Vettern. Marco lebt seit dem Tod seiner Mutter vor zehn Jahren in Stefanos Haus. Seit damals wachsen sie zusammen auf.

Marco ist schon 15 Jahre alt und Lehrling bei seinem Onkel, der Tuchhändler ist (wir befinden uns im dreizehnten Jahrhundert; damals gehen die Kinder nicht in die Schule!). Marco muß im Laden helfen, und oft fallen ihm die schwersten Arbeiten zu, wie das Transportieren der Stoffballen vom Hafen in das Geschäft. Für Stefano ist es bald vorbei mit der Freiheit. Er wird in wenigen Monaten 12 Jahre alt und wird dann ebenfalls Lehrling im Laden seines Vaters. Er ist zufrieden, dass er zusammen mit Marco arbeiten kann, auch wenn es ihn etwas belastet, dass er der jüngste Lehrling dort ist und ihm deshalb immer die schlechtesten Arbeiten zufallen.

Während sie sich über dies und jenes unterhalten, ruft ein Mann auf einem Boot, der soeben an der Brücke vorübergefahren ist, zu ihnen hinauf…

Was für eine Nachricht! Die Jungen überqueren auf einer Fähre die Kanäle, laufen über die Plätze und durch die Gassen und erreichen schnell das Slawonenufer. Hier legen die Schiffe an, die von langen Reisen aus dem Orient zurückkommen. Von hier war der Vater aufgebrochen, als Marco erst ein Jahr alt war; er kann sich natürlich nicht an ihn erinnern, aber er weiß, dass er eines Tages zurückkehren würde. Und nun steht er am Ufer und schaut in den Horizont, wo sich allmählich immer deutlicher ein Schiff abzeichnet, Marco ist nervös, auf jenem Schiff ist sein Vater, und bald wird er ihn kennenlernen! Er weiß von ihm nichts, nur die faszinierenden Geschichten, die in der Stadt kursieren und von fernen Ländern, von Schätzen und unvorstellbaren Reichtümern erzählen…

Die Sonne geht bereits unter, als das Schiff endlich anlegt. Viele Leute sind gekommen, um die Reisenden zu begrüßen, die nach vierzehn Jahren Abwesenheit aus fernen Ländern zurückkehren! Marcos Vater und der Onkel sind gut gekleidete Männer, die an Land gehen und etwas verwirrt um sich schauen, während sie in der Menge nach einem ihnen bekannten Gesicht suchen. Dann gibt sich zuerst einer, dann ein anderer zu erkennen, und schnell kommt es zu den ersten ergreifenden Umarmungen. Marco wartet, er zittert wie Espenlaub, bis ihn endlich ein alter Seemann an der Hand nimmt und ihn zum Herrn Niccolò Polo führt...

Du bist also Marco! Laß dich anschauen! Weißt du, ich habe immer an dich gedacht, aber ich wußte nichts über dich, ich bekam nur die traurige Nachricht über deine arme Mama, deren Seele Gott zu sich genommen hat! Und ich wußte, dass du im Haus meiner Schwester Fiordalisa aufwachsen würdest. Und du Stefano bist mein Neffe. Und das ist euer Onkel Matteo, der die ganze Zeit mit mir zusammen gewesen ist. Wie schön ist es, in der Familie zu sein! Allerdings nur für kurze Zeit. Wir warten nur darauf, dass der Papst gewählt wird. Sobald die Kardinäle ihn gewählt haben, müssen wir ihm eine Botschaft des Großkhan überbringen. Er ist der Herrscher des Orients, der uns Jahre lang in seinem Palast Gastfreundschaft gewährt hat, und mit der Antwort des Papstes auf seine Fragen werden wir zu ihm zurückkehren. Wir sind seine Gesandten! Was für eine Ehre! Er hat uns wunderschöne Dinge geschenkt, und wir haben wertvolle Waren mitgebracht, die wir mit großem Gewinn verkaufen können. Dabei werdet ihr, Jungen, uns helfen können!
Aber jetzt wollen wir nach Hause gehen!

Zu Hause warten schon alle auf sie. Die Nachricht von der Rückkehr der Herren Niccolò und Matteo hat sich in Venedig wie ein Lauffeuer verbreitet, und nun ist es Zeit zum Feiern! In dem großen Saal im ersten Stock ist der Tisch schon reich mit Speisen gedeckt, die Stefanos Mutter in Eile und unter Mithilfe von Freundinnen und Nachbarinnen hergestellt hat. Dazu gehören auch die zwei schönen Enten, die Marco und Stefano von ihrer Jagd am Morgen mitgebracht hatten und die die tüchtige Köchin in einer köstlichen Sauce angerichtet hat!

Auch der Doge ist von der Rückkehr der Gesandten des Großkhan in Kenntnis gesetzt worden. Am nächsten Morgen versammelt sich eine kleine Menschenmenge unter dem Balkon, von wo der Doge zu seinen Mitbürgern spricht, und alle richten die Blicke nach oben und versuchen zu verstehen, was ihnen der Doge zu sagen hat.

Bürger der Serenissima!
Beglückwünschen wir unsere Mitbürger, die nach langer Abwesenheit mit wertvollen Waren und mit Briefen des Großkhan, des Herrschers von China, zurückgekehrt sind. Ich werde sie morgen in den Palast einladen, um von ihnen die Neuigkeiten aus jenen fernen Ländern zu hören, die sie unter tausend Gefahren bereist haben!
Sie werden bei unserer großen Festa della Sensa meine Ehrengäste sein! Freut euch mit mir! Es wird für alle grandiose Festlichkeiten mit Turnieren und Tanzen auf den Plätzen geben!

Es ist zweifellos eine große Ehre, vom Dogen, der mächtigsten Person der Durchlauchtigsten Republik Venedig, der Serenissima, empfangen zu werden! Marco und Stefano betrachten vom Hintergrund des prächtigen Saales des Großen Rates aus das Zeremoniell des Kniefalls und hören die langen offiziellen Reden. Marco gefällt das alles sehr, aber Stefano ist ungeduldig, und der ganze Pomp erscheint ihm übertrieben. Könnten die nicht etwas einfacher reden?

Für Marco und Stefano hat sich das Leben völlig verändert. Seit der Rückkehr seines Vaters ist Marco immer bei ihm. Er geht nicht mehr in den Laden des Onkels, sondern hilft seinem Vater beim Einordnen der Waren. In den riesigen Behältern, die im Warenlager ankommen, gibt es wirklich alles: seltene Gewürze, kostbare Hölzer, Moos, Harz, Weihrauch, Samtstoffe, Teppiche, Hermeline, golddurchwirkte und Seidenstoffe, Parfums, Perlen, Edelsteine, Elefantenzähne! Das Warenlager platzt aus allen Nähten von diesen Schätzen, die Niccolò und Matteo jetzt in der Stadt verkaufen sollen. Auch Stefano würde gern helfen, aber das will der Onkel nicht; der Junge ist noch zu klein...

Die Leute, die von den seltenen, aus dem Orient stammenden Dingen gehört haben, verabreden sich bei dem Laden auf dem Marktplatz nahe der Rialtobrücke. Hier machen Niccolò und Matteo die besten Geschäfte. Marco macht es Spaß, den langen Verhandlungen über die Waren und dem Feilschen über die Preise zuzuhören, aber Stefano langweilt sich. Zum Glück wird es bald das große Fest, die Festa della Sensa, geben!

Die Markuskirche erstrahlt in der Morgensonne dieses Festtages, der mit einer feierlichen Prozession beginnt. Die Vertreter der Zünfte tragen Fahnen, und der Doge in seinem Hermelinmantel schreitet unter dem Baldachin. Marco und Stefano aber schauen den Männern zu, die für das Turnier am Nachmittag trainieren. Siegen wird der höchste Menschenturm!

Die Lagune füllt sich mit Schiffen jeder Art. Der Doge sitzt mit seinen Ministern in einem sehr schönen, reich dekorierten Schiff, das zur Vermählung mit dem Meer hinausfährt. Der Doge wirft jedes Jahr von seinem Schiff einen goldenen Ring ins Wasser. Das symbolisiert die Vereinigung zwischen Venedig und dem Meer, aus der die Stadt ihren ganzen Reichtum gewinnt. Niccolò und Matteo sind Ehrengäste und sitzen deshalb in dem Boot hinter dem Schiff des Dogen, während sich Marco und Stefano damit zufrieden geben müssen, das Spektakel vom Ufer aus zu verfolgen.

Am Tag vor ihrer Abfahrt begeben sich die drei Reisenden in die St. Markusbasilika, wo sie in der Kapelle des hl. Clemens den Reisesegen empfangen. Stefano, der sie begleitet hat, schaut sich in der großen Kirche um, die ganz mit Mosaiken auf Goldgrund ausgeschmückt ist. Ein wunderschöner Ort! Wie gern würde auch er von jenem Priester den Segen empfangen und mitreisen können! Stattdessen wird er von morgen an allein sein. Als er daran denkt, packt ihn ein Schauder - ganz allein, ohne Marco!
Und während die Reisenden ein letztes Gebet sprechen, spürt Stefano seine Augen brennen, aber er weint nicht...

Aber Stefano ist von seinem fest geplanten Vorhaben nicht mehr abzubringen, und schließlich läßt sich Lucio überreden, ihm zu helfen. In der Nacht vor der Abfahrt fahren sie mit einem Ruderboot zu dem Schiff, und während die Besatzung noch an Land ist und feiert, schmuggeln sich die beiden in den Lagerraum, wo Lucio zwischen Ballen von Tierhäuten und Fässern mit Schweinefett - alles zum Verkauf im Orient bestimmt - seinen Freund versteckt. Was für ein Gestank! Stefano wird es sofort übel, aber er wird mindestens zwei Tage versteckt bleiben müssen, bevor er sicher sein kann, an Bord bleiben zu können.

In der Dunkelheit des Laderaumes vergeht die Zeit nicht. Stefano, der noch nie am offenen Meer gewesen ist, fühlt sich zunächst schlecht, dann sehr schlecht..., aber dann geht die Übelkeit langsam vorüber, und als in der nächsten Nacht Lucio mit einem Teller Tintenisch und Erbsen zu ihm hinuntersteigt, ißt er mit großem Appetit alles auf. Mit vollem Bauch und begleitet vom Schaukeln der Wellen, schläft Stefano ein, bis er kurz darauf von einem schauerlichen Krachen aufwacht!
Es tobt ein Gewitter, das Schiff wird hin und hergeschleudert, und von allen Seiten dringt Wasser ein. Stefano, der geschüttelt und durch den Laderaum geschleudert wird, stößt einen Schrei aus...